आधा माने क्या?

लेखक: मृणाल मिश्र

चित्रकार: चन्द्रिमा चटर्जी

सुहाना, मंजीत और रेहाना के चेहरे पर शाम की उदासी थी। वे बेसब्री से रेहाना के बड़े भाई का इंतजार कर रहे थे। आज उनके साथ वे सभी मेला जाने वाले थे।

तभी रेहाना के भाई आते दिखे। सभी के चेहरे खिल उठे।

'वाह! भैया आ गए।अब तो मेले में खूब मज़े करेंगे।'
तीनों ने सोचा। लेकिन...

... जैसे ही वे मेले के लिए निकले, अचानक तेज हवा के साथ बारिश शुरु हो गई। सभी लोग घबराकर इधर-उधर भागने लगे।

चारों भागकर पास की एक
टपरी के नीचे खड़े हो गए।
टपरी एक चबूतरे पर बनी थी।

'किस्मत अच्छी थी जो यहाँ जगह मिल
गयी। नहीं तो हम भीग जाते।' सुहाना बोली।

सामने एक आम का पेड़ भीग रहा था।

'आम का पेड़ तो पूरा भीग गया है।'
सुहाना आम के पेड़ की ओर देखते हुए बोली।

‘भीग तो गया है। पर आधा ही भीगा है।’ मंजीत धीमी आवाज में बोला।

‘हाँ, पत्तियाँ भी आधी नई जैसी दिख रही हैं और आधी पुरानी।’ रेहाना तपाक से बोल पड़ी।

‘हाँ सचमुच। जब पूरे पेड़ पर नई पत्तियाँ आ जाएँगी तो कितना खूबसूरत दिखेगा।’ सुहाना ने चहकते हुए कहा।

'यह सब तो ठीक है। पर बारिश कब रुकेगी?' मंजीत चिंतित हुआ।
'जल्दी ही रुक जाएगी! परेशान न हो।' रेहाना के भैया बोले।

'देखो! बादलों के बीच दिख रहा आधा सूरज कितना सुंदर लग रहा है।' सुहाना ने आसमान की तरफ इशारा किया।

‘अरे, देखो! आसमान में आधे काले और आधे सफेद बादल!’ रेहाना को कुछ और दिख गया था।

‘तुम्हें कैसे पता कि वो आधा ही है? आधा का मतलब क्या होता है?’ रेहाना के भैया ने सभी से पूछ लिया।

‘जैसे किसी गिलास में पानी पूरा भरा हो, तो उसे पूरा भरा और कम भरा हो तो उसे आधा भरा कहेंगे!’ रेहाना बोली।

‘अरे नहीं! जब मैं खाना खाती हूँ तो पापा कहते हैं कि मैं पूरा खाना नहीं खाती...,

...वैसे पापा ठीक ही कहते हैं, क्योंकि दो रोटियों में से एक, मैं टफी को खिला देती हूँ। तो मेरे लिए आधा खाना मतलब एक रोटी हुई...

...या फिर मैं दो संतरे में से एक संतरा खा लेती हूँ तो मेरे पास आधा संतरा बच जाएगा। पूरा संतरा नहीं।' सुहाना झटपट अपनी बातें बोल गई।

'मेरी बीजी कहती हैं कि मुझे पूरा दिमाग लगाकर पढ़ना चाहिए। क्योंकि मेरे आधे सवाल ही सही होते हैं।' मंजीत बोल उठा।

तब रेहाना ने आम की एक पत्ती ली। उसे दो हिस्सों में बाँटते हुए कहा, 'इसका एक हिस्सा आधा कहलाता है।'

'बिल्कुल सही। आधा के लिए जरूरी है कि एक वस्तु के बराबर-बराबर हिस्से हों। मान लो कि...

... सुहाना के पास 6 आम थे। उसने 3 आम मुझे दे दिया। मतलब दोनों के पास अब बराबर-बराबर, यानि आधे-आधे आम हैं।' रेहाना के भैया बोले।

'अच्छा, अब मैं समझ गई कि आधा क्या होता है।' सुहाना बोली।

सुहाना की बात सुनकर रेहाना के भैया मुस्कुराए।

उन्होंने तीनों को आम का एक-एक पत्ता देते हुए कहा, 'तुम तीनों के पास बराबर-बराबर पत्ता है। तो क्या ये आधा कहलाएगा?'

सभी एक दूसरे का मुँह देखने लगे।

रेहाना के भैया हँसते हुए बोले, 'चलो इस पर बाद में बात करते हैं। अभी बारिश थम गई है। मेला देखने चलते हैं।'

वे मेला पहुँचे।
मेला जगमगा रहा था।

सभी मेले में खूब
घूमे, मस्ती की।

मेले से लौटते हुए रेहाना के भाई ने पूछा, ‘क्या तुम लोग पूरा मेला घूम पाए या आधा ही देखते रहे?’

तीनों एक साथ बोले,
‘बारिश ने रोका पूरा मेला,
आधा रहा फिर भी मज़ेदार।’

फिर पूरे रास्ते उनकी हँसी गूँजती रही।